BEI GRIN MACHT SICH IHR WISSEN BEZAHLT

AF149183

- Wir veröffentlichen Ihre Hausarbeit,
  Bachelor- und Masterarbeit

- Ihr eigenes eBook und Buch -
  weltweit in allen wichtigen Shops

- Verdienen Sie an jedem Verkauf

Jetzt bei www.GRIN.com hochladen
und kostenlos publizieren

Lisa Julius

Schriftliche Nachbearbeitung der Tagung „Mehr Männer in die Grundschule? Chancen, Risiken und Perspektiven"

GRIN Verlag

Bibliografische Information der Deutschen Nationalbibliothek:

Die Deutsche Bibliothek verzeichnet diese Publikation in der Deutschen National-
bibliografie; detaillierte bibliografische Daten sind im Internet über http://dnb.d-
nb.de/ abrufbar.

Impressum:

Copyright © 2011 GRIN Verlag GmbH
Druck und Bindung: Books on Demand GmbH, Norderstedt Germany
ISBN: 978-3-656-19982-3

Dieses Buch bei GRIN:

http://www.grin.com/de/e-book/193858/schriftliche-nachbearbeitung-der-tagung-
mehr-maenner-in-die-grundschule

GRIN - Your knowledge has value

Der GRIN Verlag publiziert seit 1998 wissenschaftliche Arbeiten von Studenten, Hochschullehrern und anderen Akademikern als eBook und gedrucktes Buch. Die Verlagswebsite www.grin.com ist die ideale Plattform zur Veröffentlichung von Hausarbeiten, Abschlussarbeiten, wissenschaftlichen Aufsätzen, Dissertationen und Fachbüchern.

Besuchen Sie uns im Internet:

http://www.grin.com/

http://www.facebook.com/grincom

http://www.twitter.com/grin_com

Stiftung Universität Hildesheim
Institut für Grundschuldidaktik und Sachunterricht

Marienburger Platz 22
31141 Hildesheim

Gebäude J, 2te Etage

Schriftliche Nachbearbeitung der Tagung „Mehr Männer in die Grundschule? Chancen, Risiken und Perspektiven"

Lisa Julius
5. Semester

1) Zunächst werde ich kurz die wichtigsten Aussagen des Textes „Lehrerinnen trifft keine Schuld an der Schulkrise der Jungen" von Marcel Helbig zusammenfassen. Fest steht, dass Mädchen heutzutage besser in der Schule sind als Jungen. In fast allen Mitgliedsstaaten der EU sowie der OECD beginnen dadurch viel mehr Mädchen ein Hochschulstudium als Jungen, da diese die Schule mit mehr Erfolg abschließen. Dieses Phänomen wird von der Öffentlichkeit und Wissenschaft oft als „Feminisierung" der Schule bezeichnet. Festgestellt wurde, dass desto mehr Lehrerinnen in einem (Bundes-)Land unterrichten, desto erfolgreicher die Mädchen gegenüber den Jungen sind. Allerdings konnte diese Feststellung bisher nicht empirisch bewiesen werden. Helbig spricht von drei vorhandenen Argumentationslinien, welche zeigen sollen, dass die „Feminisierung" negative Auswirkungen auf die Schulleistungen der Jungen hat. Zusammenfassend sagen diese aus, dass die Frauen in sämtlichen Erziehungsphasen dominieren und Jungs dadurch kein positives Männlichkeitsbild ausbilden können. Außerdem haben Jungs besonders bei der Notenvergabe Nachteile. Zuletzt soll die Schule angeblich weiblich ausgerichtet sein und dadurch für Jungs zu einer fremden Umgebung zählen. Empirisch kommen aber die meisten Studien zu dem Ergebnis, dass sich das Geschlecht der Lehrperson nicht ausschlaggebend auf die Noten und Kompetenzen der Schüler und Schülerinnen auswirkt. Die Berliner ELEMENT- Studie von 2010 zeigt, dass Jungen mit männlichen Lehrkräften weder bessere Leistungen in Mathe, noch im Lesen zeigten. Zwar bekamen Jungen, die auf Schulen mit einem höheren Anteil männlicher Lehrer gingen bessere Noten in Mathematik, jedoch nicht in Deutsch. In der zweiten kürzlich veröffentlichten Studie (Neugebauer/Helbig/Landmann 2010) kam heraus, dass weder Mädchen noch Jungen bessere Leistungen und Noten in den Fächern Mathe, Deutsch und Sachunterricht zeigten, wenn sie von einer gleichgeschlechtlichen Lehrkraft unterrichtet worden waren.

Frau Hannelore Faulstich-Wieland tendiert für mehr Männer in der Grundschule um eine Gleichberechtigung herzustellen. Somit ist eine gleiche Anzahl der Geschlechter in allen Bereichen erstrebenswert. Des Weiteren sollte die Verschiedenartigkeit der Kinder auch der Verschiedenartigkeit der Lehrkräfte entsprechen. Diese Heterogenität sollte nicht nur auf das Geschlecht bezogen sein, sondern auch auf die soziale und ethnische Herkunft. Durch diese Vielfalt und Verschiedenartigkeit von Lehrkräften sollte versucht werden, dass die Kinder Fähigkeiten und Fertigkeiten nicht an ein Geschlecht koppeln und dass sie keine geschlechtsbezogene Arbeitsteilung kennen lernen. Kritisch betrachtet Frau Faulstich-Wieland die Aussage, dass männliche Lehrkräfte die Leistungen von Jungen steigern würden. Denn dies ist empirisch nicht belegt. Außerdem wird oft davon gesprochen, dass Jungen besonders männliche Vorbilder benötigen. Grund hierfür ist, dass für Action, wie zum Beispiel raufen, weibliche Lehrkräfte nich viel taugen. Diese sind, überspitzt ausgedrückt, für das Trösten und Basteln zuständig. Allerdings kam bei einer amerikanischen Studie heraus, dass individuelle Aspekte viel relevanter sind als geschlechterspezifische Aspekte. Somit spricht sich Frau Faustrich-Wieland gegen hegemoniale Konstruktionen von Männlichkeit aus. Es sollte viel mehr auf pädagogische Qualität geachtet werden, als auf das Geschlecht und auf bestimmte Rollenzuschreibungen, welche das Geschlecht in eine bestimmte „Schublade" stecken.

2) Im folgenden beziehe ich mich auf den Vortrag von Frau Prof. Dr. Hannelore Faulstich-Wieland zum Thema „Sollten Grundschullehrer vorallem Vorbild für Jungen sein? - Zusammenhänge zwischen Studienmotivation von Lehramtstudierenden, Diskurse um „mehr Männer in die Grundschule" und Perspektiven guter (Grund)- Schulen". Schon zu Beginn macht sie ihre Position und Antwort auf die Frage „Mehr Männer in die Grundschule?" deutlich: Nein! Allerdings spricht sie sich hier weder männerfeindlich aus, noch traut sie männlichen Lehrkräften weniger zu, vielmehr steht sie für die zunehmende Ausbildung fachlicher Kompetenzen von zukünftigen Lehrern.

Wie sie zu dieser Meinung kommt, belegen folgende Ausführungen ihrerseits. Zunächst wäre da der Fakt zu nennen, dass es eine Entkoppelung der inhaltlichen von den pädagogischen Ansprüchen an den (Grundschul)- Lehrerberuf gibt. Denn Ablehnungsgründe des Studiums sind, dass die inhaltliche Ebene zu langweilig wäre und zu anspruchslos. Dagegen gilt die pädagogische Ebene als hochgradig schwierig und überfordernd. Bei einer Erstsemesterbefragung im Wintersemester 2008/2009 an der Universität Hamburg kam heraus, dass die höchste Motivation des Lehrerberufes die Arbeit mit Kindern sei. Während Männer den Beruf als Grundschullehrer meistens aufgrund des guten Verdienstes, der Arbeitsplatzsicherheit und der geregelten, ausreichenden Freizeit nachgehen, schätzen Frauen besonders die Vereinbarkeit mit der Familie sowie die Kreativität. Außerdem haben sie meist konkrete Vorstellungen von diesem Beruf und haben öfter pädagogische Freunde. Somit sind die Studienmotivationen von Frauen und Männern sehr unterschiedlich.

Zu der Ansicht das männliche Lehrkräfte die Leistungen von Jungen steigern würden, stellte Frau Faulstich-Wieland verschiedene Meinungen sowie Studien vor. So vertritt die Familienministerin Kristina Schröder diese Meinung und spricht sich dafür aus, dass schlechte Leistungen von Jungen an zu wenig männlichen Lehrkräften liegen. Martin Neugebauer fand in seiner IGLU-Ergänzungsstudie heraus, dass das Geschlecht der Lehrkraft weder ein Vorteil für Jungen noch für Mädchen ist. Auch Marcel Helbig bekam in seiner Studie ähnliche Ergebnisse. An dieser Stelle werde ich auf diese Studie nicht weiter eingehen, da diese schon in Aufgabe eins vorkam.

Wolfgang Bergmann spricht von einer „Wohlfühl-Kuschel-Pädagogik" und einem „verhuschtweiblichem Klima". Klaus Hurrelmann ist der Meinung, dass Jungen „Duftmarken" setzen und Lehrerinnen dies nicht akzeptieren würden. Durch diese oder ähnliche Meinungen wird der Gedanke laut, dass man in der Schule mehr männliche Rollenvorbilder benötigt. Wie diese aussehen können und welche Gefahren sie mit sich tragen stellte Frau Faulstich-Wieland gekonnt dar. Da gibt es zum einen die Annahme, Jungen brauchen eine Vaterfigur, da viele Kinder alleinerziehend aufwachsen. Gleichzeitg gelten die Lehrerinnen als „mütterlich". Der Ruf nach einem Gegenpol wird laut. Allerdings macht Frau Faulstich-Wieland darauf aufmerksam, dass hier schnell die Gefahr entstehen kann, in Verdacht des sexuellen Missbrauchs zu kommen. Denn besonders mit Berührungen und anderen Gesten sollte man in der heutigen Zeit vorsichtig sein, um nicht falsch verstanden zu werden. Außerdem besteht hier die Gefahr als „unmännlich" zu gelten. Als zweite Rolle wurde der Lehrer als Zuständiger für den Jungensport beschrieben. Hier scheint zu gelten, dass man als Mann sportlich ist und Sport lehren kann. Denn ein Lehrer kann mit den Jungen auch raufen, ringen oder Fußball spielen. Die Kritik besteht hier darin, dass es somit zu einer Vergeschlechtlichung verschiedener Sportarten kommt. Das dritte Rollenvorbild als Grundschullehrer ist es, ein „echter Kerl" zu sein. Gemeint ist damit, dass an Männer andere Erwartungen als an Frauen gestellt werden. Es wird zum Beispiel aggressives Konkurenzverhalten gefordert und es kommt somit zu einer „Wiederbelebung hierarchischer Geschlechterverhältnisse". Frau Faulstich-Wieland sieht die Gefahren hier in Form von Sexismus, Frauenfeindlichkeit und Homophobie. Es wird eine Abgrenzung gegen Weiblichkeit vorgelebt und bestimmte Eigenschaften dadurch als „männlich" hingestellt. Insgesamt sieht Frau Faulstich-Wieland das Problem, dass bei der Frage, ob mehr Männer in die Grundschule sollten, nicht darauf geachtet wird, welche Motivation beziehungsweise welche Professionalität diese mitbringen, sondern welches Geschlecht sie besitzen. Sie verweist darauf, dass Professionalität und Motivation wichtige Faktoren sind und theoretisches Wissen sowie eine Auseinandersetzung mit den Gendertheorien ebenfalls notwendig sind, um guten Unterricht zu halten. Denn sie ist nicht der Auffassung, welche durch viele Studien bestätigt wird, dass die Leistungen vom Geschlecht der Lehrperson abhängen, sondern von der Professionalität. Ihrer Meinung ist es wichtig, der hegemonialen Männlichkeit entgegen zu wirken und vielmehr eine Heterogenität von Lehrkräften zu erreichen, welche alle professionell ausgebildet wurden und die Kinder dadurch mit unterschiedlichen individuellen Ausprägungen weiblicher und männlicher Persönlichkeiten in Erfahrung kommen.

Der Vortrag von Prof. Dr. Hannelore Faulstich-Wieland hat mich persönlich sehr beeindruckt. Denn in diesem Vortrag habe ich das erste Mal auch etwas über mögliche Schwierigkeiten oder Gefahren erfahren, die bei der Forderung „Mehr Männer in die Grundschule" auftreten können. Bisher habe ich dieses Thema nur einseitig betrachtet und mir keine Gedanken über Problemstellungen gemacht.

Dabei fand ich die vorgetragenen Argumente sehr interessant, zum Teil überspitzt und trotzdem schlüssig. Im folgenden Abschnitt werde ich ihre Argumente erneut betrachten und diskutieren, ob sie mich überzeugt haben. Im Anschluss versuche ich durch diese Auseinandersetzung eine eigene Position zu entwickeln.

Begonnen wurde mit der Studienmotivation von Schülern und Schülerinnen sowie Studierenden des Lehramts. Dabei kam heraus, dass viele Schüler und Schülerinnen ein Lehramtsstudium ablehnen, weil es ihnen auf der pädagogischen Ebene zu schwierig erscheint und ihnen die inhaltliche Ebene zu langweilig ist. Frau Faulstich-Wieland sieht hier besonders die Notwendigkeit dies zu verbessern. Es sollte gezeigt werden, welche positiven Seiten dieser Beruf mit sich trägt, aber auch die Schwierigkeiten sollten bewusst gemacht werden. Junge Männer studieren den Beruf des Grundschullehrers laut einer Umfrage an der Hamburger Universität meist nicht um Wissen zu vermitteln oder weil sie Kontakt mit Kinder suchen, sondern aufgrund der ausreichenden Freizeitmöglichkeiten und der Arbeitsplatzsicherheit. Laut Frau Faulstich-Wieland reicht es also nicht, nur Männer in die Grundschule zu holen, weil sie Männer sind, sondern weil sie fachliche Kompetenzen vorweisen. Ich teile diese Meinung. Man müsste die Studienmotivationen von Studierenden des Grundschullehramtes besser untersuchen, beziehungsweise in die Studienplatzvergabe einfließen lassen. Nur weil man ein Mann ist, heißt es nicht, dass man die Schüler und Schülerinnen angemessen fördern kann. Wo wir auch schon beim nächsten Argument sind. Frau Faulstich-Wieland thematisiert, dass keine Leistungssteigerung durch männliche Lehrkräfte nachgewiesen wurde. Schließlich sind viele Politiker und Wissenschaftler der Ansicht, dass Jungs in der Schule schlechtere Leistungen vorweisen, weil in der Schule eine dominierende weibliche Erziehung vorherrscht. Auch im Kindergarten sei dies schon der Fall und daher kommt es angeblich zu einem schlechten Einfluss auf die Entwicklung der Lernfähigkeit von Jungen. Ein Grund dafür ist zum Beispiel, dass besonders Jungen mit alleinerziehenden Müttern männliche Rollenvorbilder fehlen. (vgl. Pickering 2005, S. 95) Allerdings wirft diese Denkweise den Erzieherinnen und Lehrerinnen vor, dass diese für die Leistungsunterschiede und Leistungsdefizite von Jungen verantwortlich sind. (vgl. Pickering 2005, S. 96) Mit solchen Aussagen sollte man jedoch vorsichtig sein, denn empirisch konnte bisher nicht bewiesen werden, dass der Bildungserfolg von Jungen und Mädchen vom Geschlecht der Lehrkraft abhängt. (vgl. Helbig 2010, S. 3) Es wurde sogar festgestellt, dass Jungen weder in ihren Mathekompetenzen noch ihrem Leseverständnis von mehr männlichen Lehrkräften profitieren. Dieses Ergebnis kam bei der Berliner ELEMENT- Studie im Jahr 2010 heraus, in der Marcel Helbig untersuchte, welchen Einfluss der Anteil männlicher Lehrkräfte an einer Grundschule auf Noten, Kompetenzen sowie auf die Übergangsempfehlungen für Mädchen und Jungen hat. (vgl. Helbig 2010, S. 4) Interessant ist dabei vielleicht noch, dass sich diese Jungen und Mädchen am Ende ihrer Grundschulzeit befanden. Wichtig ist aber auch, dass in dieser Studie nicht genau nach dem Zusammenhang zwischen dem Geschlecht des Lehrers und dem Bildungserfolg der Schüler geforscht wurde, sondern nur der Anteil der männlichen Lehrkräfte betrachtet wurde. In einer weiteren Studie aus dem Jahr 2010, welche von Neugebauer, Helbig und Landmann durchgeführt wurde, wurde der Zusammenhang zwischen der Kompetenzentwicklung der Schüler und Schülerinnen und dem Geschlecht der unterrichtenden Lehrkraft nun genauer untersucht.

> *„Diese Untersuchung zeigt unter Verwendung der IGLU- Studie 2001, dass weder Jungen noch Mädchen bei Kompetenzentwicklung oder Noten in Mathematik, Deutsch oder Sachkunde von einem Lehrer gleichen Geschlechts profitieren."* (Helbig 2010, S. 5)

Anhand dieser Ergebnisse unterstütze ich Frau Faulstich-Wieland in der Aussage, dass man nicht gleichzeitig eine Leistungssteigerung erreicht, wenn man mehr männliche Lehrkräfte einsetzt. Das Geschlecht der Lehrkraft hat nach deutschen Studien keine empirisch nachweisbare Auswirkung auf die Kompetenzentwicklung von Jungen und Mädchen. Die Forderung „Mehr Männer in die Grundschule" mit einer folgenden Leistungssteigerung der Schüler und Schülerinnen zu begründen ist somit nicht korrekt.

Kritisch sieht Frau Faulstich-Wieland auch die Forderung nach männlichen Rollenvorbildern. Männliche Lehrkräfte zeigen angeblich häufig den „disciplinarian" Stil, welcher bedeutet, dass die Lehrkraft Autorität ausübt. Viele Wissenschaftler vertreten die Meinung, dass dieser, meist von Männern ausgeübte Stil, eine Schulentfremdung verhindert und den Schulerfolg erhöht. Empirisch bewiesen ist dies jedoch nicht. Zunächst schlüsselte Frau Faulstich-Wieland die verschiedenen Rollenvorbilder auf. Dabei gibt es drei Typen, die alle Probleme mit sich bringen können. Die drei Typen sowie die damit verbundenen Gefahren habe ich bereits zu Beginn dieser Aufgabe beschrieben. Ich stimme Frau Faulstich-Wieland zu, dass es zu keiner Vergeschlechtlichung verschiedener Sportarten kommen sollte. Den Kindern sollte, meiner Meinung nach, gezeigt werden, dass sowohl weibliche als auch männliche Lehrkräfte Sport unterrichten können und auch Sportarten, für die sich vielleicht mehr Jungen als Mädchen interessieren. Bedenklich finde ich es aber, wenn man davon spricht, dass eine männliche Lehrkraft nur für Sportarten zuständig sein sollte, die für Jungen typisch sind, wie zum Beispiel Fußball. Jungen, die zum Beispiel nicht gerne Fußball spielen, werden somit in eine bestimmte Rolle gedrängt und es wird gezeigt, dass Frauen diesem Sport nicht nachgehen. Hier wird das Vorurteil bestärkt, dass ein Geschlecht überlegen ist. Dies heißt somit, dass es für Jungen schlechter wäre, von einer Frau unterrichtet zu werden. (vgl. Pickering 2005, S. 96) Gut finde ich auch, dass Frau Faulstich-Wieland davon spricht, dass männliche Lehrkräfte nicht die hierarchischen Geschlechterverhältnisse wiederbeleben sollten, in dem sie Jungen in eine hegemoniale Männlichkeit drängen. Wichtig ist auch der Fakt, dass nicht alle erwachsene Männer gute Rollenvorbilder für Jungen sind. (vgl. Pickering 2005, S. 97) Außerdem spielt das Geschlecht der Lehrkaft bei den meisten Schülern und Schülerinnen keine Rolle. Wichtiger sind professionelle Merkmale. (vgl. DIE ZEIT 2010, S. 4) Abschließend kann ich Frau Faulstich-Wielands Meinung nur unterstützen. Natürlich bin ich dafür, dass mehr Männer in die Grundschule sollten. Jedoch nicht nur, weil sie Männer sind, sondern weil die Kinder dadurch Abwechslung erfahren können und eine gewisse Heterogenität erreicht werden kann. Schüler und Schülerinnen sollten keine Rollenklischees vorgelebt werden. Wichtiger ist es, dass sowohl weibliche als auch männliche Lehrkräfte professionalisiert werden und somit die Kompetenzen der Schüler und Schülerinnen angemessen fördern können.

3a) Sicherlich gibt es viele Gründe, wieso es so wenig Männer gibt, die den Beruf des Grundschullehrers ausüben wollen. Ich denke ein wichtiger Grund spielt hierbei das Gehalt. Da, dass das Einkommen geringer ist, als zum Beispiel in wirtschaftlichen Berufen und man wenig Aufstiegsschancen besitzt, suchen sich viele Männer lieben einen anderen Job. Denn für karriereinteressierte Männer übt dieser Beruf keinen hohen Reiz aus. (vgl. Bönisch 2009) Ein weiterer Punkt, wieso der Beruf des Grundschullehrers für Männer unattraktiv ist, ist, dass sich viele Männer nicht zutrauen oder keine Lust haben, pädagogische Aufgaben zu übernehmen. Daher möchten mehr Männer Realschul- oder Gymnasiallehrer werden, da dort diese erzieherischen Aufgaben geringer sind. Ein Zitat von Josef Kraus, Vorsitzender des Deutschen Lehrerverbandes, aus der Süddeutschen Zeitung bestätigt dies.

> *"An der Grundschule sind sie nicht mit intellektuellen Herausforderungen konfrontiert. Da geht es mehr um pädagogische und didaktische Probleme. An weiterführenden Schulen dagegen geht es wiederum mehr ums Fachliche, das Pädagogische rückt in den Hintergrund."* (Bönisch 2009)

Viele Männer wollen auch nicht mit kleinen Kindern arbeiten, weil es ihnen zu anstrengend erscheint. Ein weiterer Grund, wieso Männer selten den Beruf des Grundschullehrers wählen, ist, dass viele Männer der Meinung sind, dass man sein Wissen als Grundschullehrer nicht genug darbieten kann. Man hört oftmals Aussagen wie, dass man alle Jahre das Gleiche unterrichtet und oft nur bastelt. Im Gegensatz dazu könne man in der Sekundarschule oder auf dem Gymnasium mehr Fachwissen einbringen und hat die Möglichkeit verschiedenen Themen mit den Schülern und Schülerinnen zu bearbeiten. (Faulstich-Wieland/Niehaus/Scholand, S. 30)
Viele Männer haben auch Angst vor Anderen zu sagen, dass sie Grundschullehrer sind. Häufig gilt der Beruf bei anderen als „unmännlich". In einem Interview vom 08.03.2008 sprach der Grundschullehrer Michael Ritter mit der Süddeutschen Zeitung über seinen Beruf und was seine

Freunde dazu sagen.

„Doch von Freunden und Bekannten muss er sich immer wieder dumme Sprüche anhören: Warum er denn so einen lauen Halbtagsjob mache? Er wolle doch bestimmt mal Schulleiter werden, "nur" Grundschullehrer zu sein, dass reiche ihm doch bestimmt nicht aus, und das Einmaleins könne er ja auch nicht neu erfinden." (Bönisch 2009)

Diese Konfrontation mit Freunden und Bekannten schreckt meiner Meinung nach viele Männer ab Grundschullehrer zu werden. Michael Ritter spricht in diesem Interview einen weiteren Punkt an, der Grund dafür sein könnte, wieso Männer vom Beruf des Grundschullehrers abgeschreckt sind. Während seines Studiums lag der Männeranteil im Hörsaal gerade mal bei 15%. (vgl. Bönisch 2009) Sicherlich ist dies vielleicht auch ein Grund, wieso Männer Grundschullehrer werden wollen, jedoch denke ich, dass dies den Männern eher Angst macht und sie sich in der Unterzahl fühlen. Was im Hörsaal beginnt, wird sich natürlich im Berufsleben nicht ändern. So liegt die Zahl der Grundschullehrer nur bei 26 000. Im Gegensatz dazu gibt es ca. 200 000 weibliche Lehrkräfte. Dies zeigt, dass die Männer mit rund 13 % deutlich unterrepräsentiert sind. (vgl. Sturm 2006) Männer sind sich dessen bewusst und ziehen daher oft den Job als Realschul- oder Gymnasiallehrer vor, da dort das Verhältnis von Männern und Frauen einigermaßen ausgeglichen ist. Es fühlen sich doch viele Männer unwohl, wenn sie die einzigen im Kollegium sind. Des Weiteren wurde auch in den Vorträgen häufig von Grundschullehrern gesprochen, die sich jemanden zum Erzählen wünschen und sich in der Gruppe der Frauen oft unwohl fühlen. Mit einem Mann spricht man eben doch anders und über andere Themen als mit Frauen.

Ein Grund, der mir am wichtigsten erscheint, wieso so wenig Männer Grundschullehrer werden wollen, ist das Image dieses Berufes und allgemein das Image des Lehrers. Beim recherchieren fand ich eine interessante Studie eines Studenten des Faches Psychologie zum Thema „Allein unter Frauen - Das Image eines Grundschullehrers". Diese Studie fand in Bayern anhand eines Fragebogens statt. Die wichtigsten Ergebnisse, die dabei herauskamen, waren, dass Grundschullehrern der Beruf eher als Notlösung zugeschrieben wird. Zwar haben Grundschullehrer und Grundschulleherinnen ein besseres Ansehen als Hauptschullehrer und Realschullehrer, jedoch ist das Ansehen der Gymnasiallehrer höher. Des Weiteren kam heraus, dass Ärzte ein höheres Ansehen in der Gesellschaft besitzen als Grundschullehrer und Grundschulleherinnen. Unterschätzt wird besonders die Arbeitszeit der Grundschullehrer und Grundschullehrerinnen. Volle sechs Stunden werden ihnen in der Gesellschaft unterschlagen. Auch das Gehalt und die Anzahl der Ferienwochen wurde unterschätzt. Im Bezug auf die Männerquote kam folgendes heraus:

„Frauen befürworten zwar eine höhere Männerquote in der Grundschule mit 77,0 Prozent, Männer selbst jedoch nur mit 52,5 Prozent. Insgesamt wird von 64,3 Prozent der Befragten bestätigt, dass es mehr Männer in der Grundschule geben sollte." (Talirsch 2008)

Interessant fand ich auch die Aussage: „Was die Grundschullehrer in einer Woche arbeiten, habe ich schon bis Dienstagabend geschafft" von Kurt Beck, ehemaliger SPD-Vorsitzender und Ministerpräsident von Rheinland-Pfalz. Solche oder ähnliche Aussagen zeigen, dass das Ansehen des Lehrers während der letzten Jahre immer mehr abgenommen hat. Insgesamt zeigte die Studie von Tobias Talirsch auch, dass Grundschullehrerinnen besser angesehen werden, als Grundschullehrer. Zwar wurde die These, dass Grundschullehrer verweichlicht und unmännlich sind, meist abgelehnt, trotzdem ergab sich kein besseres Bild:

> *„Er ist ein alternativer Drückeberger, der nur in die Grundschule gekommen ist, um dort viel Freizeit bei einem angenehmen Job ohne Leistungskontrolle zu haben."* (Talirsch 2008)

Bei diesen Ergebnissen scheint es nicht verwunderlich, dass das Interesse am Beruf des Grundschullehrers nicht gerade steigt, wenn man täglich von solchen Aussagen liest oder hört.

Jedoch ist nicht nur das Image des Grundschullehrers betroffen, sondern das Image des Lehrers insgesamt. In einer Studie des Allensbachers Institut von 2009 wurden 1800 Bundesbürger zum Thema Lehrer befragt und heraus kam, dass mehr als zwei Drittel der Bürger Lehrer für überfordert halten und die Schüler daher schlechtere Leistungen haben sollen. Außerdem sind nur 12% der Bürger der Meinung, dass Lehrer ihren Beruf lieben. Dagegen stellte die Hälfte der Bundesbürger fest, dass viele Lehrer über ihre berufliche Belastung klagen. Das sich Pädagogen regelmäßig weiterbilden und aufgeschlossen für neue Unterrichsformen sind, glauben nur wenige der Befragten. Zur Verbesserung des schlechten Images des Lehrers und des drohenden Lehrermangels soll laut des Philologenverbandes der Deutsche Lehrerpreis „Unterricht innovativ" führen. (vgl. Taffertshofer 2009) Diesen Preis gibt es tatsächlich und er wird jedes Jahr verliehen. Allerdings bezweifle ich, dass dieser Preis das Image des Lehrers anhebt. Dafür hört man darüber viel zu selten und ich denke, dass nur wenige diesen Preis kennen.

Ein nächster Grund sich gegen das Lehramtsstudium, in diesem Fall Grundschullehramt, zu entscheiden ist der enorme Druck, der von der Gesellschaft auf den Lehrer ausgeübt wird. Der Anspruch an Lehrer, besonders an Grundschullehrer und Grundschullehrerinnen, ist enorm hoch. Schließlich verbringen die Kinder hier ihre ersten vier Schuljahre, welche häufig als Fundament der weiterführenden Bildung angesehen werden. Häufig machen Eltern die Leistungen ihrer Kinder an den Lehrern und Lehrerinnen fest und geben ihnen die Schuld, wenn etwas falsch läuft. Der schon von mir angesprochene Erziehungsaspekt spielt hier erneut eine wichtige Rolle. Eltern sehen in einem Lehrer oder in einer Lehrerin oft auch eine Person, welche ihr Kind erziehen soll. Das diese Aufgabe neben dem pädagogischem Aspekt häufig zu kurz kommt und es eigentlich auch nicht Aufgabe des Lehreres ist, die Kinder zu erziehen, übersehen viele Eltern. Dieser hohe Anspruch an

Lehrer und Lehrerinnen ist meiner Meinung nach auch ein Abschreckgrund für Männer diesen Beruf zu ergreifen. Viele Männer fühlen sich mit der Erziehungsaufgabe überfordert oder sind in der Annahme, dass sie diesem Leistungsdruck nicht Stand halten können. Im Vortrag von Frau Professor Dr. Faulstich-Wieland kam in einer Umfrage zum Berufswunsch bei Schülern und Schülerinnen heraus, dass ein Ablehnungsgrund gegen das Lehramt ist, dass die eben erwähnte pädagogische Ebene „hochgradig schwierig" sei. (vgl. Faulstich-Wieland 2001) Ein letztes Argument, wieso so wenig Männer das Studium des Grundschullehramtes antreten, ist die Angst für pädophil gehalten zu werden. In der jetzigen Zeit ist das Thema Pädophilie aktuell wie nie. Man hört ständig von neuen Fällen, in denen Kinder von Männern missbraucht werden. Aktuell ist dies besonders in der katholischen Kirche Thema, nachdem zahlreiche Missbrauchsfälle bekannt wurden. Leider gibt es auch Fälle, in denen sich Lehrer an ihren Schülerinnen vergangen haben. In einem Artikel von Welt Online von 2009 wird diskutiert, ob man neue Kollgen beim Amtsarzt auf pädophile Neigungen untersuchen sollte, bevor diese eingestellt werden. In diesem Artikel ging es um einen Grundschullehrer, der in einem Zeltlager fünf Mädchen sexuell missbrauchte. (vgl. Meyer 2009) Dieser oder ähnliche Fälle lassen die Angst und den Hass in der Gesellschaft wachsen. Schnell kommt es zu Vorurteilen gegenüber männlichen Erziehern oder Grundschullehrern. Tröstet man ein Mädchen in der Grundschule durch Umarmen, bekommt man vielleicht böse Blicke von anderen Kollegen oder muss sich vor den Eltern verantworten. Dieser aktuelle Diskurs lässt Grundschullehrer schnell falsch darstellen oder Ängste der Eltern entstehen.

Nach diesen Ausführungen steht fest, dass es leider viele Gründe gibt, welche Männer von einem Beruf als Grundschullehrer abschrecken. Die Frage ist natürlich, wie kann man dies ändern und wie kann man diesen Beruf attraktiver machen?

Damit mehr Männer Interesse am Beruf des Grundschullehrers finden, sollte man das Image dieses Berufs stärken und sich verstärkt Kampagnen widmen, die dies erreichen könnten. Man könnte zum Beispiel in den Medien dafür werben oder auch an Bildungsmessen teilnehmen und den Beruf des Grundschullehrers ehrenwürdig vorstellen. Dabei sollte beachtet werden, dass es die jungen Männer anspricht und ihnen einen Anreiz dafür schafft, dass sie dieses Studium beginnen. Vielleicht könnten auch männliche Studienanfänger oder junge Lehrer dafür werben und die Vielfalt dieses Berufs transportieren. Hierbei wäre es sicherlich förderlich, dass man eine realistische Einschätzung darüber gibt, was man später verdient. Außerdem sollte man besonders betonen, dass dieser Arbeitsplatz relativ sicher, gut mit der Familie vereinbar, sehr kreativ und vielfältig ist und trotzdem einen theoretischen Anspruch mit sich bringt. Damit ist gemeint, dass man in seinem Studium auch Fachwissen erlernt und dieses später stetig erweitern sollte.

Des Weiteren könnte man schon Schülern Erfahrungen mit kleinen Kindern ermöglichen, zum

Beispiel in Form des „BoyDay". Auf der Tagung erfuhren wir von Sabine Hastedt, dass dieser schon durchgeführt wird und bei vielen Jungen gut ankommt. Außerdem wurde festgestellt, dass sich Jungen nach diesem „BoyDay" eher vorstellen können, diesen Beruf in Erwägung zu ziehen als vorher. Auf der Ebene des Berufs könnte sicherlich versucht werden, dass das Gehalt aller Lehrer den verschiedenen Schulformen angeglichen wird, wobei dies sicherlich schwierig umzusetzen ist. Auch die Universitäten sollten gezielt werben und ein klares Studienprofil schaffen. Dabei sollte das Lehramtsstudium weiter professionalisiert werden und eine Mischung aus Theorie und Praxis hergestellt werden, damit die Studenten schnell merken, ob ihnen dieser Beruf wirklich liegt. Zuletzt sollte das Image des Berufes in der Gesellschaft verbessert werden, damit dieser Beruf wieder anerkannter ist und sich Männer, die diesen Beruf wählen nicht „unmännlich" fühlen müssen. Es sollte bewusst gemacht werden, was Lehrer und Lehrerinnen leisten und wie anspruchsvoll dieser Beruf ist. Schließlich sollen Männer dieses Studium reizvoll finden und vielleicht doch den Wunsch ausbilden, sich dafür zu entscheiden.

4) Ich schließe mich auf jeden Fall der Meinung an, dass mehr Männer in die Grundschulen sollten. Allerdings sehe ich es ähnlich wie Frau Faulstich-Wieland, dass die Forderung nach mehr Männern in den Grundschulen auch viele Problemstellungen beziehungsweise Gefahren birgt. Es sollte meiner Meinung nach bei einer Einstellung nicht nur nach dem Geschlecht der Lehrkraft gehen, sondern nach der Professionalität. Allerdings teilte uns ein Referent auf dieser Tagung mit, dass dies leider manchmal nicht der Fall wäre. Es reicht nicht, einfach nur Männer in die Grundschulen zu holen, welche mit den Kindern raufen können und ihnen zeigen wie man sich als Mann zu verhalten hat. Denn dadurch werden bestimmte Eigenschaften einem bestimmtem Geschlecht zugeschrieben. Was wäre denn, wenn ein Junge gerne Ballett tanzt? Demnach würde er, nach manchen Aussagen zu urteilen, nicht männlich sein und von Lehrerinnen unterrichtet werden. Viel mehr sollten doch Männer in die Grundschulen um Gleichberechtigung und Heterogenität zu erreichen und um Kindern zu zeigen, dass nicht nur Frauen Lehrerinnen und Erziehungspersonen sind. Trotzdem können Männer genauso gut mit den Kindern basteln oder auch raufen. Man sollte die Aktivitäten nicht nach Geschlecht ordnen. Jeder sollte das machen was er gut kann und die Kinder sollten ihre Interessen ausleben dürfen, auch wenn Mädchen gerne ringen wollen. In Bezug auf die Kompetenzentwicklung von Jungen wurde bisher nicht nachgewiesen, dass diese unter dem Unterricht von Männern bessere Leistungen zeigen. Trotzdem hört man auch oft von Grundschülern, dass diese gerne von Männern unterrichtet werden. Aus meinen Praktikumserfahrungen weiß ich, dass viele Schüler und Schülerinnen Männer als Lehrpersonen schätzen und als Abwechslung empfinden. Auch in der Schlussdiskussion meldete sich ein

11

ehemaliger Grundschullehrer zu Wort, dass er den Beruf als Grundschullehrer sehr empfehlen kann, besonders aufgrund der hohen Kreativitätsmöglichkeiten. Außerdem teilte er mit, dass er auch froh war, wenn er männliche Kollegen hatte, um sich auch mit diesen austauschen zu können. Er plädierte für mehr Männer in die Grundschulen. Interessant fand ich auch das Projekt von Dr. Christoph Fantini von der Universität Bremen. Dieser versucht in einem Bremer Projekt mehr Männer in die Grundschulen zu holen. Ziel ist es besonders das Image des Grundschullehrers zu verbessern. Auch ich sehe hier eine große Notwendigkeit dieses zu verbessern. Es gibt einfach zu wenig Männer, die dieses Beruf ausführen wollen und sich dessen Anforderungen stellen wollen. Herr Fantini vertritt die Meinung, dass eine heterogene Schüler/innenschaft ein heterogenes Lehrpersonal benötigt. Dieser Meinung schließe ich mich an. Zusammenfassend bin ich der Auffassung, dass mehr Männer in die Grundschule sollten, diese in ihrem Studium aber auch professionalisiert werden und nicht nur aufgrund ihres Geschlechts bevorzugt werden. Insgesamt denke ich dass mehr Männer in der Grundschule die Heterogenität fördern und das Klassen- und Personalklima auflockern können. Bestimmte Gefahren die bei der bloßen Forderung nach mehr Männern in die Grundschule aufkommen können, sollten trotzdem nicht unterschätzt werden.

Inhaltsverzeichnis

Monographien

• Pickering, Jon (2005): Wie das Lernen Jungen erreicht. Ein Programm zur Integration und Förderung. Verlag an der Ruhr.

Internetquellen

• Bönisch, Julia (2009): Mangelware Mann. In: Karriere
[http://www.sueddeutsche.de/karriere/grundschulen-mangelware-mann-1.264214-2; 19.10.2011].

• DIE ZEIT (2010): Was hilft den Jungen? Die Bildungsexperten Hannelore Faulstich-Wieland und Klaus Hurrelmann streiten über die richtigen Förderkonzepte. In: DIE ZEIT, 05.08.2010 Nr. 32[http://www.zeit.de/2010/32/Streitgespraech-Jungen; 22.10.2011].

• Sturm, Martina (2006): „Mehr Lehrer in die Grundschule?!. In: Pro&Contra
[http://www.klett.de/sixcms/media.php/273/KTD_36_23.pdf; 19.10.2011].

• Talirsch, Tobias (2008): Allein unter Frauen. Das Image eines Grundschullehrers
[http://www.tobias-talirsch.de/studie_image_eines_grundschullehrers_internetveroeffentlichung.pdf; 18.10.2011].

• Taffertshofer, B. (2009): Schlechte Noten für Lehrer. In: Karriere
[http://www.sueddeutsche.de/karriere/neue-image-studie-schlechte-noten-fuer-lehrer-1.387729; 18.10.2011].

• Faulstich- Wieland, Prof. Dr. Hannelore (2011): SOLLTEN GRUNDSCHULLEHRER VOR ALLEM VORBILD FÜR JUNGEN SEIN
[http://www.unihildesheim.de/media/gleichstellung/01_H.Faulstich_Wieland_Grundschullehrer_als_Vorbilder.pdf; 19.10.2011].

• Meyer, Ullirch (2009): Verband will pädophile Neigung von Lehrern prüfen. In: Panorama [http://www.welt.de/vermischtes/article4305560/Verband-will-paedophile-Neigung-von-Lehrern-pruefen.html; 18.10.2011].

Artikel aus Zeitschriften

• Faulstich-Wieland, Hannelore (2010): Mehr Männer in die Grundschule: welche Männer? In: Erziehung und Unterricht, Jg. 160, H. 5-6, S. 497-504.

• Faulstich-Wieland, Hannelore; Niehaus, Ingo; Scholand, Barbara (2010): Lehramt Grundschule: "niedrigste Stufe dieses Lehrerberufs" versus "ich liebe Kinder". Oder: Was SchülerInnen vom Lehramt abhält und Studierende daran reizt. In: Erziehungswissenschaft, Jg. 21, H. 41, S. 27-42.

• Helbig, Marcel (2010): Lehrerinnen trifft keine Schuld an der Schulkrise der Jungen. In: WZBrief Bildung (2010), H.11, Berlin.